Der Einfluss des Buddhismus auf die Kultur und das Leben der Vietnamesen

Bibliografische Information der Deutschen Nationalbibliothek:

Die Deutsche Nationalbibliothek verzeichnet diese Publikation in der Deutschen Nationalbibliografie; detaillierte bibliografische Daten sind im Internet über http://dnb.d-nb.de abrufbar.

ISBN: 9783389030226
Dieses Buch ist auch als E-Book erhältlich.

© GRIN Publishing GmbH
Trappentreustraße 1
80339 München

Druck und Bindung: Books on Demand GmbH, Norderstedt Germany
Gedruckt auf säurefreiem Papier aus verantwortungsvollen Quellen

Das vorliegende Werk wurde sorgfältig erarbeitet. Dennoch übernehmen Autoren und Verlag für die Richtigkeit von Angaben, Hinweisen, Links und Ratschlägen sowie eventuelle Druckfehler keine Haftung.

Das Buch bei GRIN: https://www.grin.com/document/1477272

Der Einfluss des Buddhismus auf die Kultur und das Leben der Vietnamesen

Lehrveranstaltung Landeskunde Südostasien

Nebenfach Sprachen und Kulturen Südostasiens

Wintersemester 2022/2023

Eingereicht am: Hamburg, den 07/03/2023

Inhaltsverzeichnis

Einleitung

Der Buddhismus ist eine der größten philosophischen und religiösen Lehren der Welt, die für eine lange Zeit mit einem massiven Lehrsystem und die große Anzahl der Buddhisten verteilt auf der ganzen Welt stand. Der Buddhismus verbreitete sich in unserem Land um das 2. Jahrhundert n. Chr. und wurde schnell zu einer Religion, die neben dem Konfuzianismus, Taoismus und Christentum tiefgreifenden Einfluss auf das spirituelle Leben des vietnamesischen Volkes hatte. Das Thema dieser Hausarbeit ist der Einfluss des Buddhismus auf die Kultur und das Leben der Vietnamesen. Die vorliegende Hausarbeit wird in vier Teile gegliedert. Im ersten Teil wird die Verbreitung des Buddhismus in Vietnam beschrieben. Anschließend fokussiert sie sich auf die Entwicklung des Buddhismus in Süd-Vietnam bis zum Sturz des Diem-Regimes 1963. Im dritten Teil wird der Einfluss des Buddhismus auf die Kultur und das Leben der Vietnamesen dargestellt. Zum Schluss werden die Ähnlichkeiten im religiösen Glauben der Vietnamesen in Bezug auf den Buddhismus und Ahnenkult deutlich gemacht.

1. Die Verbreitung des Buddhismus in Vietnam

1.1. Buddhistische Einflüsse aus Indien und China

Die meisten Forscher:innen sind sich darüber einig, dass der Buddhismus sich bereits um das 2. Jahrhundert n. Chr. im heutigen Nordvietnam (Giao Chi/ Tongkin) verbreitete (Tran 2006 zitiert nach Dai Vu 2018). Vietnam ist das Hinterland der Halbinsel Indochina, welches zwischen Indien und China liegt. Da das Terrain zwischen den beiden größten kulturell bedeutsamen Ländern der Welt liegt, ist Vietnam natürlich von beiden Kulturen, einschließlich der Religion, beeinflusst. China stürmte aus dem Norden herein um das Land Vietnam zu besetzen und plante, die Vietnamesen zu assimilieren und es zu einem Teil ihres Territoriums zu machen. Infolgedessen kämpfen die Vietnamesen ständig um ihr Überleben und ihre Unabhängigkeit, doch das Zusammenkommen von Sprache, Kultur und Religion lässt sich nicht vermeiden. Indien hat sich in der Blütezeit seiner Zivilisation, Kultur und Religion in die umliegenden Länder, vom Westen her in das vietnamesische Land, ausgebreitet (Vu 2019, S. 33115). Frühere Kontakte zwischen Vietnam und Indien waren hauptsächlich wirtschaftlicher Art, denn „Vietnam´s geographical position has made it a prime candidate for trade with India." (Nguyen & Hoang 2008, S. 9). Die buddhistische gewaltfreie Lehre vertiefte jedoch die zuvor nur wirtschaftliche Beziehung zu Indien (Vu 2019, S. 33115). Die buddhistischen Lehren, die tief in den Herzen der Menschen verwurzelt sind, fügen sich auf natürliche und einfache Weise in die lokale Kultur ein. Indien hatten somit einen sehr tiefen Einfluss auf das umliegende Land (ebd., S. 33115).

1.2. Einführungsphase und Blütezeit

Der vietnamesische Buddhismus schätzt Toleranz. Der primitive Buddhismus, welcher plädiert Mönch zu werden, sich von der Welt und von der Lust fernzuhalten, wird in Vietnam immer noch von Anhängern befolgt. Für einige Menschen besteht die Praxis jedoch darin, sich nicht von der Welt fernzuhalten, sondern sich immer selbst zu bewahren und keine Dinge für andere weltliche Interessen zum Guten tun. Das Schicksal von Nationen und der Tod von Gesellschaften. Der vietnamesische Buddhismus ist eine Kombination und Harmonie aus Buddhismus, Taoismus und Konfuzianismus und wird oft das Plateau der drei Religionen in der Ly-Dynastie genannt: "The combination of the supernatural philosophy of Buddhism and the Confucianism and the universe of Taoism in the three Teachings was the philosophy of human life as well as the political orientation for the society of the era". Diese Ansicht wurzelt in vietnamesischen kulturellen Traditionen, die durch die ursprüngliche Weisheit der Lehren des Buddha sublimiert wurden. Daher machte die Ly-Dynastie den Buddhismus zur Staatsreligion. Vietnamesische Buddha-Statuen haben ein weiches und rustikales Aussehen. Dies scheint den Menschen, die Hilfe benötigen, zu helfen (Vu 2019, S. 33117).

Die Blütezeit des Buddhismus war während der Ly-Dynastie in Vietnam. Kaiser Ly Thai Tong (1028 - 1054 n. Chr.), Sohn und Nachfolger von Ly Thai Ton, war ebenfalls gläubiger Buddhist. Buddhistische Mönche wurden vom Kaiser und den Höflingen sowie von der Bevölkerung sehr respektiert. Der Kaiser gewährte Stupas und Tempel große Mengen Land im Austausch für Wohlstand und Glück (Nguyen 1977 zitiert nach Ho 2003, S. 37).

Als die Ly-Dynastie zu Beginn des 13. Jahrhunderts n. Chr überlebte, verschmolzen drei damals existierende vietnamesische Schulen des Buddhismus allmählich zu einer Truc-Lam-Schule (dt.: Schule des Bambuswaldes). Die Schule wurde 1293 n. Chr. vom amtierenden Kaiser Tran Nhan Ton gegründet, der danach die Macht aufgegeben und sich zum Berg Yen Tu zurückgezogen hat. Nur bis Mitte des 14. Jahrhunderts n. Chr. konnte die Bambuswaldschule existieren. Mangels Unterstützung und Ermutigung durch die späteren Tran-Kaiser waren die Mönche dieser Schule später gezwungen, sich in die Berge zurückzuziehen und ihre früheren Funktionen als politische Berater aufzugeben (ebd., S. 300). Obwohl die Tran-Herrscher im Allgemeinen fromme Buddhisten waren und den Buddhismus befürworteten, ist n. Chr bei

Buddhismus in Vietnam misslungen. Der Grund mag darin liegen, dass zu dieser Zeit letzteres 13. Jahrhundert der Einfluss anderer Glaubensrichtungen auf den Buddhismus weiter zugenommen hatten. Der Buddhismus versuchte, die neuen Strömungen des Taoismus und des Konfuzianismus aufzunehmen. Die chinesische Armee der Ming-Dynastie griff im Jahr 1407 n. Chr Vietnam an und eroberte es. Buddhistische Materialien wurden beschlagnahmt und nach China geschickt. Nur 21 Jahre später wurde Vietnam unter General Le Lai von der neuen chinesischen Herrschaft befreit (Thich 1993, S. 145).

2. Entwicklung des Buddhismus in Süd-Vietnam bis zum Sturz Diems 1963

Die südliche buddhistische Bewegung von 1963 war eine zivile Bewegung von großem Ausmaß. Obwohl religiös, ist dies tatsächlich der Aufstieg der südlichen Klassen, um die nepotistische Diktatur von Ngo Dinh Diem abzuschaffen. Die breite Beteiligung aller Menschenklassen ist nicht nur auf die Unterstützung des Buddhismus zurückzuführen, sondern auch auf das Gefühl der Antidiktatur und des undemokratischen Regimes (Bechert 1967, S. 346).

Das von den USA unterstützte Regime von Ngo Dinh Diem zielte darauf ab, einen antikommunistischen Staat in Südvietnam aufrechtzuerhalten. Obwohl die Vereinigten Staaten und Ngo Dinh Diem eine republikanische Regierung propagierten, die Glaubens- und Religionsfreiheit einschloss, glaubte die öffentliche Meinung, dass das Ngo Dinh Diem-Regime eine stillschweigende Politik der Unterstützung des Christentums und der Diskriminierung anderer Religionen verfolgte, hauptsächlich der des Buddhismus (ebd., S. 331). Die Regierung von Ngo Dinh Diem schreibt vor, dass religiöse Fahnen nicht außerhalb der Räumlichkeiten religiöser Einrichtungen (Kirche, Pagode, Heiligtum...) aufgehängt werden dürfen, aber nicht alle Religionen halten sich strikt an diese Vorschrift. Vor dem Ereignis von Buddhas Geburtstag achtete die Regierung nicht auf das Problem der Religionen, die gegen die Vorschriften zum Hissen von Flaggen verstoßen (ebd., S. 334).

Ngo Dinh Thuc wollte eine feierliche Zeremonie abhalten, um Ngan Khanh (25 Jahre Ordination) zu feiern, also hissten die Orte die Flagge des Heiligen Stuhls, da aber die Zahl der Christen klein war, anlässlich Buddhas Geburtstags und so überall in der Stadt Hue die buddhistische Flagge hing, beschwerte sich Ngo Dinh Thuc bei Ngo Dinh Diem (ebd., S. 335f.).

Am 7. Mai 1963 wurde Buddhas Geburtstag gefeiert. Buddhisten haben darum gebeten, ihre Flaggen bei diesem Fest zeigen zu dürfen, wie sie es in den vergangenen Jahren getan hatten. Die Regierung reagierte mit einem strikten Verbot, in Anlehnung an die Proklamation des Präsidenten, nachdem er am Vorabend des Festivals buddhistische Fahnen auf Landstraßen gesehen hatte: „Entgegen dem Verbot gehisste buddhistische Flaggen in Hue wurden von Soldaten entfernt". Am 8. Mai 1963 protestierten Buddhisten und trugen den Buddha der Reihe nach von der Dieu De Pagode zur Tu Dam Pagode. Die Polizei war anwesend, stoppte oder unterdrückte sie jedoch nicht. Buddhas Geburtstag wurde in der Tu Dam Pagode abgehalten. Mönch Thich Tri Quang hielt eine Rede, in der er die diskriminierende Politik der Diem-Nhu-Regierung verurteilte, die zu öffentlicher Unzufriedenheit mit der Regierungspolitik führte (ebd., S. 336).

Einige buddhistische Würdenträger und der Präsident führten höfliche, aber fruchtlose Diskussionen über den Hue-Vorfall und andere buddhistische Beschwerden. Die Regierung hat die Verantwortung für die Ereignisse vom 8. Mai kategorisch zurückgewiesen und sich geweigert, den Familien der Opfer irgendeine Entschädigung zukommen zu lassen. Am 28. Mai versammelten sich Hunderte buddhistische Mönche im Zentrum von Saigon, um zu protestieren und einen zweitägigen Hungerstreik anzukündigen (ebd., S. 337).

Die buddhistische Bewegung in Südvietnam ging aus den Ereignissen von 1963 als mächtige nationalistische politische Bewegung hervor, wahrscheinlich die einzige gut organisierte politische Massenbewegung im Land, die mit der Nationalen Befreiungsfront Schritt hielt. Innerhalb weniger Monate bildete sie eine politische Bewegung. Buddhisten leisteten einen wesentlichen Beitrag zum Sturz der Polizeidiktatur. Zweifellos war ihr Einfluss teilweise auch auf die Hoffnung zurückzuführen, dass sie den Bürgerkrieg beenden würden (ebd., S. 345f.).

3. Der Einfluss des Buddhismus auf die Kultur und das Leben der Vietnamesen

Der Einfluss des Buddhismus auf die Kultur und das tägliche Leben seiner vietnamesischen Anhänger wird im Folgenden darstellt. An dieser Stelle sei darauf hingewiesen, dass die vietnamesische Glaubensstruktur berücksichtigt wird. Die Merkmale des vietnamesischen Buddhismus im Allgemeinen lassen sich wie folgt zusammenfassen: eine Anpassung an verschiedene bestehende Volksglauben, die inhaltliche und organisatorische Ausgestaltung aller buddhistischen Traditionen und Schulen des Landes, die Zusammenarbeit mit anderen Religionen und eine enge Verbindungen zwischen Religionen und weltlichen Angelegenheiten. Im Laufe der Jahre war der Buddhismus jedoch einflussreicher als andere Traditionen und wurde zur Religion der meisten Menschen. Der Einfluss des Buddhismus im Vietnam ist auch noch in der Architektur, den Skulpturen und der Kunst von Pagoden und den Tempeln zu sehen. Der Buddhismus breitete sich unter dem Schutz und der Unterstützung des Königs aus und beeinflusste so das vietnamesische Leben. Die vietnamesische Form dieses Glaubens zeichnet sich durch eine Synthese aus alten vietnamesischen Bräuchen, chinesischem Kulturerbe (Konfuzianismus und Taoismus) und verschiedenen buddhistischen Traditionen aus dem Theravada- und Mahayana-Buddhismus aus. (Ho 2003, S. 50)

3.1. Das buddhistische Glaubenssystem

Das vietnamesische buddhistische Glaubenssystem umfasst Einflüsse aus Indien und China sowie Elemente des Vajrayana-, Zen- und Reinland-Buddhismus. Es gibt auch kein national einheitliches Glaubenssystem, sondern jeder Vietnamese hat sein eigenes Glaubenssystem. Im Laufe der Zeit wurden diese Einflüsse und Elemente so tief im Volksglauben verankert, dass die meisten vietnamesischen Buddhisten sie nicht mehr erkennen. Obwohl Menschen unterschiedliche Ansichten und Überzeugungen haben, teilen sie dennoch eine grundlegende Glaubensstruktur. Der Buddhismus breitet sich im ganzen Land aus und hat im vietnamesischen Leben Fuß gefasst. Es gibt viele Volksgedichte, die diesen tief verwurzelten Glauben an vietnamesische Gedanken und Gefühle zum Ausdruck bringen. Sie bilden den religiösen und moralischen Rahmen der Massen. Redewendungen, Schlaflieder und Märchen mit buddhistischem Inhalt vermitteln Kindern buddhistische Lehren. Sie bilden die natürliche und existenzielle Grundlage für ihre weitere Bewusstseinsentwicklung. Und diese Entwicklung wird von Generation zu Generation weitergegeben. Vietnamesen kümmern sich nicht nur um buddhistische Vorstellungen in ihrem Familienkreis sondern auch in der Alltagssprache, die vor allem durch den Glauben an Karma und Reinkarnation geprägt ist (Ho 2003, S. 52).

Es bildet sich die Grundlage der Grundvorstellungen vieler Vietnamesen über Persönlichkeit und Moral. Gemäß der Karma-Lehre gibt es gutes Karma, das durch gute Verdienste angesammelt wird, und negatives Karma, das durch unheilsame Taten angesammelt wird. Die Gesetze des Karmas liefern eine Erklärung für die aktuelle Lebenssituation eines Individuums sowie einige soziale Ungleichheiten. Wenn ein Mensch in diesem Leben glücklich und wohlhabend ist, ist dies sein Verdienst - das Ergebnis guter Taten, die er in seinem früheren Leben vollbracht hat. Im Gegensatz zu denen, waren die in Armut und unter harten

Bedingungen lebenden, in früheren Leben böse, grausam oder schlecht. Die Situation einer Person wird als Ergebnis der bösen Taten ihres eigenen vergangenen Lebens betrachtet. Aber Karma ist nicht absolut (ebd.: S. 53).

Nach der Karma-Theorie können die Ergebnisse von guten oder schlechten Handlungen des vorangegangenen Lebens sich sofort oder sogar erst auf das nächste Leben auswirken. Die Verdienste guten Karmas können durch verschiedene Handlungen angesammelt werden, wie z.b.: das Einhalten der fünf Gebote (kein Töten, kein Stehlen, kein sexuelles Fehlverhalten, kein Lügen, kein Drogenkonsum, kein Trinken), das Beseitigen der drei Geistesgifte (Gier, Wut und Ignoranz) und auf der anderen Seite Sympathie und Mitgefühl zu kultivieren. Tempel und Pagoden zweimal zum 1. und 15. jedes Mondmonats zu besuchen und sich zweimal im Monat vegetarisch zu ernähren, werden auch als Anhäufung guter Verdienste angesehen. Der Verdienst, der sich aus dem Leben ergibt, soll außerdem so wertvoll sein wie die Dankespflicht gegenüber den Eltern der letzten Generationen (ebd.: 54). Die Unterstützung der Gemeinde der Buddhistinnen und Buddhisten ist eine gute Tat. Vietnamesische Laien können Pagoden und Tempeln ihre Arbeit, Geld, Lebensmittel und Dinge des täglichen Bedarfs anbieten (Swearer 1981, S. 12ff).

Das Karma-Gesetz, die Lehre von Ursache und Wirkung und die Wiedergeburtenlehre erklären das Leben und die Taten des Menschen, trotzdem glauben viele vietnamesische Buddhisten an das Schicksal und andere ihr Leben beeinflussende Faktoren. Solche Einstellungen lassen sich auf die Einflüsse des Taoismus zurückführen, der aus China nach Vietnam kam. Viele vietnamesische Buddhisten haben nicht die Möglichkeit zwischen Karma und Schicksal zu trennen. Für sie sind alle Ereignisse sowohl mit dem Karma-Gesetz als auch mit dem Schicksal verbunden. Die existentiellen Bedingungen des Daseins eines Menschen wird durch das Karma erklärt. Das hat eine machtvolle und unveränderliche Auswirkung auf die Gegenwart und bietet auch Aussicht auf Verbesserung in der unbestimmten Zukunft (Ho 2003: S. 54).

3.2. Der Buddhismus im Alltag

Als der Buddhismus in Vietnam popularisierte, der oft anders als das Original lokalisiert wurde, dem vietnamesischen Volk das Bewusstsein und den Glauben erfrischte, verdrängte er vietnamesische traditionelle Kulturen: „The country of agricultural rice cultivation with typical characteristics: it is a flexible, flexible, soft behavior like water, a spirit of tolerance." (Vu 2019: S. 33116).

Der Einfluss des Buddhismus auf das tägliche Leben der Vietnamesen ist vielfältig und kann nicht vollständig in Worte gefasst werden. Der vietnamesische Buddhismus zeichnet sich durch die Einheit aller Aspekte der buddhistischen Lehre aus. Buddhisten in Vietnam glauben, dass alle Praktiken und Lehren des Tripitaka (vietnamesisch: Tam Tang Kinh Dien), die vom Buddha selbst und den Patriarchen gelehrt wurden, es wert sind, geschätzt und gelernt zu werden (Dai Vu 2018, S. 193).

Ein vietnamesischer Buddhist glaubt, dass seine karmischen Verdienste nicht nur für Gebete gelten, sondern auch für gute Werke, einschließlich Spenden und Arbeit für sein buddhistisches Kloster. Jede Pagode basiert auf einem freiwilligen System von Geld-, Sach- und Arbeitsspenden. Jeder vietnamesische Laie hat eine bestimmte Anzahl von Festtagen, um seine Pagode zu besuchen. Das ganze Jahr über feiert die Gemeinde regelmäßig viele religiöse Feiertage. Der wichtigste Feiertag ist Tết (Tết Nguyễn Đán-Neujahrsfest im Mondkalender), an dem die Vietnamesen mit ihrer Familie in den Tempel gehen, um für das neue Jahr für Glück zu beten oder soziale Kontakte zu pflegen. Das zweitwichtigste Fest des Jahres ist das Versakh-Fest (Lễ Phật Đản), das die Geburt und Erleuchtung des Buddha feiert und auf den Vollmondtag zwischen Mai und Anfang Juni fällt (ebd., S. 193).

Laien, Novizen, Nonnen und Mönche treffen in der Regel ein paar Wochen im Voraus Vorbereitungen, um an diesen Tagen allen Tempelbesuchern Essen und besondere Gerichte zu servieren. Das Ullambana-Fest (Vu Lan) ist auch ein wichtiges Fest im vietnamesischen Buddhismus, welches die Verantwortung von Kindern gegenüber ihren Eltern, insbesondere Müttern, betont. Während des Ullambana -Festes werden Rosen an der Pagode verteilt, weiße Rosen für diejenigen, deren Mütter bereits verstorben sind und rote Rosen für diejenigen, deren Mütter noch leben. Es gibt auch festliche Veranstaltungen wie Hochzeiten und Beerdigungen, an denen Nonnen und Mönche aufgefordert werden, die Zeremonie zu leiten (ebd., S. 193).

3.3. Der Tod im vietnamesischen Buddhismus

Nach der Karma-Lehre muss jeder die Folgen dessen tragen, was er in seinem Leben gemacht hat. Nach dem Tod wird der Tote in einem der sechs Lebensbereiche wiedergeboren oder gelangt in das Reine Land des Amitabha Buddhas. Dem buddhistischen Glauben in Vietnam gemäß findet ein langes irdisches Verfahren statt, nachdem jemand stirbt. Deshalb glauben die Menschen, dass eine Person zu Hause sterben sollte (Ho 2003, S. 57).

Wenn jemand schwer krank ist und bald im Sterben liegt, wird er schnell nach Hause gebracht. Der Leichnam des Verstorbenen wird zunächst gewaschen und anschließend neu eingekleidet.

Neben dem buddhistischen Altar befindet sich der Totenaltar. Auf diesem Altar werden den Ahnen symbolisch Opfergaben dargebracht. Neben Kerzen, Räucherwerk, Obst, Blumen oder Süßigkeiten wird auch das Lieblingsessen des Verstorbenen angeboten. Das Essen wird normalerweise dreimal angeboten, aber für viele Vietnamesen ist es heute nur noch einmal am Tag - zur Mittagszeit. Diese Zeremonie wird jeden Tag bis zum 49. Tag nach dem Tod des Verstorbenen durchgeführt. Die Mönche werden herbeigerufen, um die Beerdigung vorzubereiten und durchzuführen. Der Glaube an das Weiterleben nach dem Tod veranlasst die Familienangehörigen, eine große Grabanlage als neues Zuhause für die Verstorbenen zu errichten. Es ist außerdem sehr wichtig, an jedem Todestag – besonders aber am 49. und 100. zu beten (Tran 1989, S. 26 zitiert nach Ho 2003, S. 57). Die Vietnamesen glauben, dass mit Hilfe der Rezitation des Namens des Amitabha-Buddha die Verstorbenen in das „Reine-Land" aufgenommen werden (Hajime 1987, S. 464f.).

Beim Tod eines Elternteils versammelt sich die Großfamilie im Haus des ältesten Sohnes, wo die Beerdigung stattfindet, da dort auch der Leichnam beigesetzt wird. Weiß ist die Farbe der Trauer in Vietnam. Deshalb werden nach dem Tod einer Person weiße Kleider und Stirnbänder von seinem Familienangehörigen getragen. Nach dem Tod des Mannes tragen die Frau und die älteste Tochter der Familie bei Beerdigungen und Gebeten weiße, knopflose Kleider und einen weißen Stoffhut. Andere Familienmitglieder tragen weiße Stirnbänder. Die Trauerzeit beträgt ein bis drei Jahre. Während dieser Zeit tragen Familien als Zeichen der Trauer ein kleines schwarzes Tuch auf der Brust oder am Arm. Wenn in dieser Zeit tatsächlich eine Hochzeit oder Eröffnungszeremonie geplant ist, wird diese verschoben (Ho 2003, S. 58).

Dem Verstorbenen folgen Freunde und Bekannte im Trauerzug, angeführt vom ältesten Sohn, weiteren Familienmitgliedern sowie Mönchen und Nonnen. Der Trauerzug wird von Trauermusik begleitet, die von professionellen Musikern auf Blas- und Saiteninstrumenten gespielt wird. Am Grab werden verschiedene Zeremonien und Rituale vorgenommen, bevor der Sarg in die Erde gelassen wird. Papiergeld oder Höllengeld und andere Papiergegenstände werden auf Gräbern verbrannt, weil man glaubt, dass diese Opfergaben von den Verstorbenen verwendet werden können (Barett 1994, S. 176f.). Diese Praxis steht jedoch nicht im Einklang mit dem Buddhismus, sondern mit konfuzianischen und taoistischen Volkstraditionen. Nach der Beerdigung sind Freunde und Bekannte zu einem großen Essen eingeladen. Jeweils nach 49 und nach 100 Tagen gibt es eine weitere große Trauerfeier, zu welcher auch Ordensleute sowie Freunde und Bekannte eingeladen werden. Danach wird jährlich der Todestag zum Andenken an den Verstorbenen zelebriert (Crawford 1966, S. 124f.).

4. Die Ähnlichkeiten im religiösen Glauben der Vietnamesen in Bezug auf den Buddhismus und Ahnenkult

Auf die Frage, was die Wichtigkeit der Moral im philosophischen, religiösen und kulturellen Leben Vietnams ist, ist Dao Tho Cung To Tien (dt.: Weg der Ahnenverehrung) die Antwort (Dao 1961 zitiert nach Ho 2003). Die ontologische Essenz der vietnamesischen Ahnenverehrung ist der Glaube an die Existenz von Linh Hon To Tien (dt.: Ahnenseele), die als Unsterblichkeit und unergründliche Schutzkraft betrachtet wird (Phan 1993, S.159). Der Ahnenkult, einer der wichtigsten Riten des Konfuzianismus, wurde im 3. Jahrhundert n. Chr. von China nach Vietnam gebracht und breitete sich dort aus: „Der Konfuzianismus wurde von Konfuzius begründet, der um 551 v. Chr. in China geboren wurde" (Moritz 1992, S. 357)

Diese Philosophie besagt, dass jede Gesellschaft eine Art ethischen Kodex haben muss, der die sozialen Interaktionen aller Menschen regelt. Dieser ethische Kodex legt Wert auf die besonderen Pflichten des Einzelnen gegenüber Familie, Gesellschaft und Staat. Zwei Grundprinzipien des Konfuzianismus sind Verantwortung und Hierarchie (ebd., S.349)

Ahnenverehrung spielt eine wichtige Rolle im religiösen und gesellschaftlichen Leben Vietnams. Es vereint Vietnamesen aller religiösen und weltanschaulichen Überzeugungen, um verstorbene Familienmitglieder zu ehren. Ahnenverehrung ist daher von zentraler Bedeutung für den vietnamesischen religiösen Glauben. Heute hat fast jeder Haushalt in Vietnam diesen Brauch (Jamieson 1986 zitiert nach Ho 2003, S.27). Der Ahnenkult war und ist die religiöse Grundlage der patrilinearen Familie. Sie entspringt dem Glauben, aller sogenannten „primitiven" Völker, an die Existenz von Geistern – Geistern der Toten – die weiterhin die ehemaligen Häuser der Menschen nach dem Tod besuchen und immer noch Nahrung brauchen, als ob sie noch einen menschlichen Körper hätten. Daher sind die lebenden Nachkommen des Verstorbenen verpflichtet, für die Verpflegung des Verstorbenen zu sorgen. Die Hauptmotivation hinter diesem Dienst ist die Hoffnung, dass wohlwollende Seelen der Nachwelt Glück bringen (ebd., S.137).

Ahnenverehrung entspringt der Dankbarkeit, die Kinder für ihre Eltern empfinden. Ein dankbares Kind hat die Pflicht, sich immer an die lebenden und verstorbenen Eltern zu erinnern. Die Kinder wollten die Ehre der Familie nicht verletzen. Die Pflicht zur Dankbarkeit hält viele Menschen davon ab, schlechte Dinge zu tun, weil sie bei jedem Ereignis und jeder Entscheidung darüber nachdenken müssen, ob ihre Handlungen der Ehre ihrer Eltern und Familie schaden. Obwohl der Ahnenkult nicht als Religion angesehen werden kann, fungiert er dennoch als solche (Ho 2003, S. 28).

Fast jeder Haushalt hat einen Ahnenaltar. Dieser Altar ist mit Kerzen, Räucherstäbchen, Blumen, Früchten und Fotografien oder Gedenktafeln verstorbener Vorfahren und der letzten drei Generationen von Verwandten geschmückt. Ein solcher Altar sollte als ständige Erinnerung verstanden werden, während er die lebenden Familienmitglieder an ihre familiären Wurzeln erinnert. Jedes Jahr am Ngay gio (dt: Tag der Toten) gedenken die Lebenden ihrer verstorbenen Angehörigen. Dank der Ahnen- und Patriarchenverehrung in Vietnam besteht eine enge Verbindung zwischen der unsichtbaren geistigen Welt und der greifbaren materiellen Welt. Der Tod ist nicht das Ende. Nur der Körper stirbt, nicht die Seele. Letztere lebt weiter und kehrt immer wieder zu seiner Familie zurück (Anh o.J., zitiert nach Ho 2003, S. 28). Alle wichtigen – glücklichen und traurigen – Ereignisse in der Familie werden den verstorbenen Vorfahren mitgeteilt, damit auch sie an der Freude teilhaben können bzw. die Trauer mit der Familie teilen (Jamieson 1986 zitiert nach Ho 2003, S. 27).

Die Ähnlichkeit zwischen Buddhismus und Ahnenkult ist, dass die Vietnamesen die Lehre von der Wiedergeburt glauben. Die Vietnamesen geben an, dass die Verstorbenen an einem anderen Ort wiedergeboren werden können (Schuhmann 1995, S. 153f.). Der Glaube an eine Weiterexistenz nach dem Tod brachte und bringt die Vietnamesen dazu, gute Taten zu vollbringen.

Schluss

Mit dem Potenzial des Lebens sind der buddhistische Geist und die Philosophie nie veraltet und immer noch von der Mehrheit der Menschen auf der ganzen Welt, einschließlich Vietnam, gut angenommen worden. Im vietnamesischen Buddhismus lässt sich sehen, dass die Religion mit dem Leben verbunden ist. Der weitverbreitete Einfluss des Buddhismus in Vietnam hat die starke Vitalität des Buddhismus und das Potenzial der vietnamesischen Bevölkerung indigene und kulturelle Werte in den Herzen der vietnamesischen Bevölkerung zu entwickeln, gezeigt. Sowohl Buddhismus als auch Ahnenkult lenken die Menschen zum Guten und besonders Wert legen Buddhismus und Ahnenkult auf die kindliche Ehrfurcht von Kindern gegenüber ihren Vorfahren und Eltern.

Literaturverzeichnis:

Barett, Tim H. (1994): Chinas Religiöse Tradition, in: Clarke, Peter B., and Leo Strohm (Hg.), Atlas der Weltreligionen: Entstehung, Entwicklung, Glaubensinhalte, München: Frederking & Thaler.

Bechert, Heinz (1967): Buddhismus, Staat und Gesellschaft in den Ländern des Theravada-Buddhismus Birma, Kambodscha, Laos, Thailand, Frankfurt am Main: Metzner.

Crawford, Ann Caddell (1966): Customs and culture of Vietnam, Rutland, Vt: C. E. Tuttle.

Dai Vu, Trang (2018): Buddhismus in Vietnam, in: Manfred Hutter; Schröder, Christel Matthias; Antes, Peter; Rüpke, Jörg (Hg.), Ostasiatischer Buddhismus und Buddhismus im Westen. Die Religionen der Menschheit, Stuttgart: Verlag W. Kohlhammer.

Dao, Duy Anh (1961): Viet Nam Van Hoa Su Cuong (Geschichtlicher Umriss der vietnamesischen Kultur), Saigon: Bon Phuong.

Hajime, Nakamura (1987): Mahayana Buddhism, in: Mircea Eliade, Encyclopedia of Religion, New York: Macmillan, Vol 2, 464-465.

Ho, Loc (2003): Der vietnamesische Buddhismus in den USA: der Stellenwert des Glaubens in der neuen Heimat, URL: https://d-nb.info/969717490/34 , zuletzt aufgerufen am 04. März 2023.

Jamieson, Neil L. (1986): The Traditional Family in Vietnam, in : Vietnam Forum, Summer-Fall: 91-150.

Moritz, Ralf (1992): Konfuzianismus, in: Monika und Udo Tworuschka (Hg.), Religionen der Welt: Grundlagen, Entwicklung und Bedeutung in der Gegenwart, München: Bertelsmann, 349-356.

Nguyen, Lang (1977): Viet Nam Phat Giao Su Luan (Geschichtsabhandlung des vietnamesischen Buddhismus), Hanoi: Van Hoc.

Nguyen, Tai Thu und Hoang, Thi Tho (2008): The history of Buddhism in Vietnam, Washington, D.C: CRVP.

Phan, Chanh Cong (1993): The Vietnamese Concept of the Human Souls and the Rituals of Birth and Death, in: Southeast Asian Journal of Social Science, 21 (2), 159-198.

11

Schumann, Hans Wolfgang (1995): Mahayana Buddhismus: Das große Fahrzeug über den Ozean des Leidens, München: Diederichs.

Swearer, Donald K. (2010): The buddhist world of Southeast Asia. New York: Suny Press.

Thien-An, Thich (1992): Buddhism & Zen in Vietnam: In Relation to the Development of Buddhism in Asia. Vermont: Tuttle Publishing.

Tran, Thi Nhung (1989): Aspects du bouddhisme vietnamien en France, in: Lumière & Vie, 38, 193, 19-30.

Tworuschka, Udo (1992): Buddhismus, in: Monika und Udo Tworuschka, Religionen der Welt: Grundlagen, Entwicklung und Bedeutung in der Gegenwart, München: Bertelsmann), 291- 313.

Van, Vu Hong (2019): Comparative Buddhism in India, China, Vietnam and the spirit of localization in Vietnamese Buddhism. International Journal of Recent Scientific Research, Jg. 10, Nr. 6, 1-7.